Irene Schwonek

HO'OPONOPONO

Das letzte Geheimnis

I0208604

Erfahrungen mit der Hawaiianischen
Problemlösungsmethode

Volume I

Ho'oponopono – Das letzte Geheimnis
Erfahrungen mit der Hawaiianischen Problemlösungsmethode
Volume I
Irene Schwonek

1. Auflage

ISBN 978-3-00-045292-5

Umschlaggestaltung: www.sheep-black.com
Fotomaterial: Shutterstock

© 2014 by Irene Schwonek
www.irene-schwonek.de

Die in diesem Werk erwähnte Methode dient ausschließlich zur Stressreduzierung, zum Erkennen des wahren Wesens, zur Wiederherstellung von Harmonie, Lebensfreude, Lebenskraft und zur Stärkung der Selbsthilfekraft. Der Inhalt bzw. die Beschreibung der Methode durch Irene Schwonek ist kein Ersatz für eine medizinische oder psychologische Behandlung durch einen Arzt, klinischen Therapeuten oder Psychotherapeuten (HPG) und stellt auch keine Empfehlung dar, eine solche Behandlung zu unterlassen oder abzubrechen. Auch wenn es so scheinen sollte, als ob durch die Lehre der Methode eine Verbesserung eintritt, ist das nicht als Hinweis zu werten, dass eine medizinische Behandlung unnötig ist. Es werden mit den folgenden Zeilen keine Heilversprechen abgegeben.

Für mein Unihipili

Inhaltsverzeichnis

Vorwort

Kaum eine therapeutische Methode der letzten Jahre hat ein so positives Echo hervorgerufen wie die Problemlösungsmethode des Ho'oponopono. In diesem Buch finden Sie einen praxiserprobten Leitfaden, wie Sie mithilfe von Ho'oponopono immer mehr zu innerem Frieden finden und Ihr Leben eigenverantwortlich in die Hand nehmen können. Für viele Menschen ist es ein tiefer Wunsch, alten Groll, Wut und Verletzungen zu heilen und sich von diesen und anderen Altlasten zu befreien. Diesen Transformationsprozess vom eigenen Willen bzw. Ego, dem Funktionieren- und-Kämpfen-Müssen zu durchlaufen, hin zu einem erfüllten Leben aus dem Herzen heraus, ist eines der größten Geschenke, welches Sie sich selbst machen können. Es gibt kaum etwas Befriedigenderes wie das Erwachen des eigenen Schöpferpotentials und der damit verbundenen Bereitschaft, Verantwortung für das eigene Leben zu übernehmen. Je mehr Sie diesem Weg folgen, umso mehr wird Freude, Leichtigkeit und Erfüllung in Ihr Leben treten.

Mit allergrößtem Interesse und Bewunderung habe ich das Manuskript von Irene Schwonek gelesen, denn bislang hatte ich noch kein Buch entdeckt, das die komplexen Zusammenhänge und die Tiefgründigkeit des Ho'oponopono so übersichtlich und einfach dargestellt hat. Ich bin Irene zutiefst dankbar, dass sie uns den Weg des Ho'oponopono aus ihren eigenen authentischen Erfahrungen heraus so leicht zugänglich gemacht hat – selbst für tiefe Klärungsprozesse. Es ist ihr gelungen, wesentliche Einsichten unseres gemeinsamen, geschätzten Lehrers Dr. Hew Len inhaltlich weiterzuführen und zu vertiefen.

Meine Erfahrung mit der Ho'oponopono-Methode brachte auch mir ein tieferes Erwachen. Ich beschreibe sie gerne als Gipfelaufstieg mit schwer beladenem Rucksack, der – je tiefer ich in die Welt des Ho'oponopono eintauchte – an Gewicht verlor und es mir ermöglichte, meinen Weg mit sehr viel mehr Leichtigkeit fortzusetzen. Mit jedem Schritt, den ich dem Gipfel näherkam, wurde ich mit dem Gefühl belohnt, dass es sich hundertfach bewährt hat, diesen Weg gewählt zu haben. Ich beschritt ihn, ohne zu wissen, was mich erwartet und wie er wohl enden würde, aber mit wachsendem Vertrauen in meine innere Führung. Mein Weg war das Ziel! Ich begann die unsichtbaren Zusammenhänge des Lebens zu erkennen und fühle mich nun in Einklang mit mir und meinem Lebensplan.

Ho'oponopono – Das letzte Geheimnis ist ein reiches und schönes Buch geworden und ich bin sicher, dass es vielen Leserinnen und Lesern eine wertvolle Hilfe sein wird, in ihren eigenen Beziehungen versöhnliche Lösungen zu mehr Zufriedenheit und Lebensqualität zu finden. Möge dieses Buch auch Ihr Herz berühren und es noch ein Stück weit mehr öffnen und somit einen Beitrag zu mehr Frieden mit sich und der Welt leisten. Das Gute ist, dass wir es selbst in der Hand haben. Wir sind es, die die Welt verändern und die Erde zu einem Paradies verwandeln können.

Herzlichst
Ihre *Monika Gössl*

Impulsgeberin & Spirituelle Lehrerin
Leitung MatrixPower Institut
www.matrix-power.de

Danksagung

Mein Dank gilt Mabel Katz, die weltweit sehr erfolgreich unterwegs ist, um Ho'oponopono den Menschen näherzubringen. Ich danke Mabel für ihr Vertrauen, ohne das ich womöglich nie so tief in Ho'oponopono eingetaucht wäre.

Mit großem Respekt und Verbundenheit

gebe ich hier wieder, was ich von

Dr. Ihaleakala Hew Len, Mabel Katz und dem Spirit von Morrnah Nalamaku Simeona

erkennen und erfahren durfte.

Frieden beginnt mit mir.

ICH BIN DAS ICH

ICH komme aus der Leere und trete ins Licht

ICH bin der Atem, der das Leben nährt

ICH bin die Leere, die Hohlheit, jenseits allen
Bewusstseins

Das ICH, das ID, das ALLES

Mit meinem Bogen aus Regenbögen überspanne ICH
das Meer

Im Strom der beständigen Wechselwirkung von Geist und
Materie

ICH bin der ein- und ausströmende Atem

Die unsichtbare, unberührbare Brise

Der unergründliche Urstoff der Schöpfung

ICH BIN DAS ICH

Die Leidensfähigkeit mag groß sein,

sie ist aber nicht grenzenlos.

Nicht von dieser Welt

Irgendwann fängt jeder an zu begreifen, dass er auch einen anderen Weg gehen kann. Das ist dann der Wendepunkt. Meine Geschichte beginnt im Juni 2009, wie immer mit dem Gefühl, nicht von dieser Welt zu sein – von dieser materiellen Welt. Ich hatte es nicht geschafft, in der materiellen Welt nach den materiellen Spielregeln zu spielen. So war mein Leben eine einzige Suche nach diesen Spielregeln. Ich wollte so sein wie die anderen und ich wollte haben, was sie hatten, ohne dabei als alleinerziehende Mutter zweier Kinder mit einem Fulltime- und diversen Nebenjobs zugrunde zu gehen, doch meine Leidensfähigkeit war enorm. Ich hatte die Kraft eines Elefanten und konnte mich immer wieder aufraffen, wenn ich am Boden lag. Ich wollte es schaffen, ich ließ nicht locker, ich wollte es kapieren, koste es, was es wolle …, anstatt einfach mal loszulassen!

Dass ich nicht kapierte, warum es augenscheinlich bei allen, nur nicht bei mir funktionierte, machte mich sehr, sehr wütend. Diese Wut trieb mich solange an, bis ich eines Tages in einem Anfall von würgender Angst und unendlichem Frust *den Herrn da oben* anflehte, mir ENDLICH DIESE REGELN ZU GEBEN! Und was machte Gott? Er antwortete mir (wie

Er es immer tat), aber seine Worte wurden von meinem Ego ausgebremst (wie Ego das immer tat).

Es kam – wie es kommen musste – zu einem weiteren, noch heftigeren Zusammenbruch. Ich befand mich im schönen geräumigen Badezimmer meines gemieteten Einfamilienhauses und war so voller Hass gegen mich selbst, dass ich mir vor lauter Zorn den Kopf im Waschbecken einschlagen wollte – als Widder war ich es gewohnt, jede Wand mit dem Kopf zu durchbrechen, wenn es nicht so lief, wie ich es wollte. Ich rief erneut nach Gott und drohte:

„Wenn es dich gibt, Gott, dann gebe mir ein Zeichen, sonst erschlage ich mich selbst!"

Gott gab mir ein Zeichen, wenn auch auf merkwürdige Weise oder besser gesagt, ohne, dass ich mir dessen bewusst war. Vielleicht war mein Zustand der erste wirklich bedrohliche Moment für mein Ego, sodass es vorsichtshalber freiwillig aus dem Weg ging, denn ich beruhigte mich und bereitete mich für den Arbeitsalltag vor – für einen Tag, der mein Leben für immer verändern sollte.

Auf der Autofahrt zu meiner Arbeitsstätte hörte ich mir die Aufzeichnung des Studienbegleitservices zu dem Buch *The Master Key System*[1] an, die ich mir am Vorabend auf mein iPod überspielt hatte. Einer der beiden Autoren erzählte von einem Mann namens Dr. Len, welcher – wie er aus einem Bericht erfahren habe – auf Hawaii in einer Anstalt untergebrachte, schwer psychisch kranke Patienten geheilt haben soll.

Psychisch kranke Patienten geheilt? Das faszinierte mich. Schließlich war ich gerade auf dem Weg zu meiner Arbeitsstätte und da gab es meiner Meinung nach auch nur lauter Irre. Ich hasste es, dort meine kostbare Zeit zu verplempern und im Schoß von Egoisten, Ellenbogenremplern, Selbstdarstellern und Möchtegernmächtigen einen Job auszuführen, der mich nicht zufriedenstellte. Ich war der festen Überzeugung, dass dieser Platz nicht der richtige für mich sei. Da ich jedoch nicht einfach gehen konnte, ohne mich in finanziellen Ruin zu stürzen, wollte ich wissen, wie besagter Dr. Len die psychisch kranken Patienten geheilt hatte. Nicht deshalb, weil ich den Anspruch erhob, mein Arbeitsumfeld zu heilen, sondern weil ich es in Luft auflösen wollte!

Noch am gleichen Tag durchforschte ich das Internet. Alles, was ich finden konnte, war ein Artikel, verfasst von Dr. Joe Vitale. Ein einziger Artikel zu Dr. Len, ausgerechnet von Joe Vitale, einem Mitwirkenden in dem Film *The Secret*. Das ließ mich erst einmal enttäuscht zurück. Erstens verstand ich nicht, was Joe Vitale über Dr. Len schrieb, und zweitens kam jeder, der mit *The Secret*[2] zu tun hatte, auf meine „Enttäuschungsliste". *The Secret* funktionierte nicht bei mir, genauso wenig wie *The Master Key System*. Es verhielt sich genauso wie alles andere, was ich in jahrelanger Suche nach den Spielregeln erfolglos ausprobiert hatte: nämlich gar nicht. Und so lehnte ich den Artikel erst einmal ab.

Bald darauf war ich in das Mysterium des Dr. Len eingetaucht. Joe Vitales Artikel war nach wie vor alles, was mir das Internet ausspuckte. So freundete ich mich mit seinen Worten an. Demnach habe Dr. Len die psychisch kranken Patienten mit der (unaussprechlichen) Ho'oponopono-Methode geheilt und das, ohne mit ihnen Kontakt aufgenommen zu haben. Unglaublich! Dr. Len habe nicht mit den Patienten, sondern nur mit den Akten der Patienten gearbeitet. Das war alles nichts für meinen Verstand. Ho'oponopono! Ho-o – wie bitte?

Heute weiß ich, wie wichtig es ist, das Wort korrekt auszusprechen. Ho'oponopono (sprich: Hoh-oh-pono-pono). Ein Wort mit einer Jahrtausende alten Schwingung von Vergebung, Wandlung und Liebe. Ein Wort, das in Stress geraten kann, wenn es sich nicht in dieser Schwingung wiederfindet. Sie haben richtig gelesen: Ein Wort gerät in Stress. Ja! Alles ist Schwingung, alles ist Energie – jedes Wort, jeder Gedanke. Ho'oponopono hat eine Schwingung, die außergewöhnlich ist. Und wer das Wort denkt oder ausspricht, benutzt bereits diese wunderbare Schwingung.

Mich hat sie schnell verzaubert und so war der nächste Schritt die Bestellung des Buches *Zero Limits – The Hawaiian System For Wealth, Health, Peace & More* von Joe Vitale und Dr. Ihaleakala Hew Len, welches mir alles genauestens erklärte … und dann kein Stein mehr auf dem anderen blieb. Das war der Wendepunkt.

Ho'oponopono?

Ho'oponopono bedeutet Reinigung
Ho'oponopono bedeutet Korrektur
Ho'oponopono bedeutet Befreiung
Ho'oponopono bedeutet Heilung
Ho'oponopono bedeutet Reue
Ho'oponopono bedeutet Vergebung
Ho'oponopono bedeutet Wandlung

Ho'oponopono ist ein sehr altes Hawaiianisches Problemlösungsverfahren.

Es ist eine Methode der Stressreduzierung, Konfliktlösung und Energiereinigung.

Ho'oponopono ist der Weg, der uns zu uns selbst führt.

Es ist der Weg, der uns erkennen lässt, wie einzigartig und wunderschön wir sind.

Ho'oponopono führt uns zu Freude, Liebe, Gesundheit und Wohlstand.

Ho'oponopono hilft uns, alle Situationen, die wir für aussichtslos halten, zu wandeln.

Ho'oponopono ermöglicht uns eine einzigartige Beziehung zwischen uns und der Gottheit.

Ho'oponopono ist ein Geschenk. Es ist eine Zauberkiste voller Wunder. Wir müssen sie nur öffnen.

Ho'oponopono ist perfekt. Für mich ist es das fehlende Steinchen meines Mosaiks – das letzte Geheimnis und das Ende des Suchens. Alle anderen Techniken und Methoden, die ich ausprobiert habe, ließen noch immer etwas zum Suchen übrig. Nach all meinen Problemen bedeutet Ho'oponopono heute nur noch eines für mich: Frieden.

Frieden beginnt mit mir.

Wenn ich die Erinnerung in mir lösche,

finde ich zu meinem wahren Selbst.

Weißt du eigentlich, wer du bist?

„Wer bin ich?",

fragt die kleine Anna ihren Freund und der liebenswerte Elefant wedelt mit den Ohren.

„Das ist die beste aller Fragen!",

ruft er freudig aus und Annas Haar wirbelt im Wind der Elefantenohren …[3]

Mein größtes Problem war, dass ich nicht wusste, wer ich bin. Ich dachte, ich wüsste es, aber ich kannte mich nicht. Ich kannte meine Selbstidentität nicht und war nicht in der Lage, wirklich frei zu sein – weder im Inneren noch im Äußeren. Ich wage zu behaupten, Sie wissen auch nicht, wer Sie sind. Die meisten Menschen denken, sie seien ihr Körper.

Natürlich fragen wir alle nach dem Sinn des Lebens und natürlich erhalten wir auch die eine oder andere Antwort aus dem Angebot der zahlreichen Theorien. Befriedigt uns jedoch diese Antwort? Ein Großteil von uns hat es sich längst bequem gemacht auf dem Sofa. Die Frage nach dem Sinn des Lebens wird bald nicht mehr gestellt. Mit festem

Sitz schimpfen, beschuldigen und schütteln wir entsetzt den Kopf über die Dinge, die sich um uns herum ereignen. Wir analysieren und denken nach, wir grübeln, schmieden Pläne und tun das, was wir am besten können: aufpassen, dass wir nicht vom Sofa kippen!

Ich bin ständig vom Sofa gekippt. Und kaum hatte ich es mir wieder gemütlich gemacht, war ich unzufrieden. Was ich auch unternahm, nichts verschaffte mir Befriedigung, irgendwas fehlte immer. Wo waren nur diese Sofa-Regeln? Wie gerne hätte ich einfach nur ruhig und zufrieden mit den anderen auf dem Sofa gesessen! Das Sofa symbolisiert mein *Leben* und es hat mich immer wieder aus seiner Bequemlichkeitszone heruntergeschubst.

Mit Ho'oponopono habe ich gelernt, Verantwortung zu übernehmen für meine Unzufriedenheit und für alles, was sich mir im Außen zeigt. Das war der erste Schritt zur wahren Identität. Erst nachdem ich 100 % Verantwortung übernahm und danach lebte, kam ich mir näher, während sich alles in meinem Leben veränderte. Plötzlich war es nicht mehr wichtig, was die anderen taten oder nicht taten. Es war nicht mehr wichtig, wer Geld hatte und wer auf dem Sofa sitzen konnte …

Wichtig war und ist, was **ich** denke und was ich tue. Die anderen gibt es nämlich gar nicht. Es gibt nur mich und die Resultate, die ich im Außen bewirke.

Zitat Dr. Len: Es gibt nur dich, es gibt kein Außen!

Ich hatte die Regeln erhalten und schätzen gelernt. Schritt für Schritt. In winzig kleinen Gänsefüßchen-Schritten habe ich mich auf den Weg gemacht. Auf diesem Weg bin ich mir selbst begegnet. Ich habe meine Selbstidentität gefunden – jetzt weiß ich, **wer** ich bin.

Mit Ho'oponopono lernen Sie nicht nur, wer Sie sind und warum Sie hier sind. Mit Ho'oponopono lernen Sie auch, was ein Problem ist und vor allem, wie es gelöst werden kann – so gelöst, dass es nie mehr wiederkommt! Anders ausgedrückt: Wenn Sie wissen, wer Sie sind und warum Sie hier sind, können Sie alle Probleme lösen.

Das Reinigen ist der Weg,

Probleme schneller zu lösen.

Mein Weg zur Selbst-Identität

Als ich mein erstes *Self-I-Dentity through Ho'oponopono®
(SITH®)*-Seminar bei Dr. Hew Len absolviert hatte, war ich
tief beeindruckt von seiner Klarheit und seinen präzisen und
doch einfachen Worten – zu klar und zu einfach allerdings
für meinen Verstand. Es dauerte Jahre, meinen Verstand zu
„killen", um diese simplen Worte „ohne Verstand zu
verstehen". Jahre des *Cleanens*[1]. Und falls Sie (bzw. Ihr
Verstand) denken, SIE könnten einen kürzeren Weg finden,
so irren Sie sich. Versuchen Sie es erst gar nicht.
Ho'oponopono kann man nicht verstehen. Ho'oponopono
muss man anwenden!

Das klingt unbefriedigend, ist es aber nicht. Im
Gegenteil! Es wird alles einfacher, wenn unser Verstand
nicht immer alles hinterfrägt. Wer beim Ho'oponopono eine
Frage stellt, tappt in die „Falle der Vergangenheit", denn
Fragen bilden sich aus gespeicherten, **vergangenen**
Erinnerungen im Unterbewusstsein. Das Gleiche gilt für die
Antwort. Mit anderen Worten: Die Frage: „Warum bin ich
krank?" basiert auf einer (alten) Erinnerung aus dem

---

[1] Das Wort Cleanen ist ein Begriff aus Self-I-Dentity through
Ho'oponopono®. Es steht für das Reinigen von schädlichen Erinnerungen.

25

Unterbewusstsein. Die Antwort: „Weil du womöglich nicht gut genug auf dich aufgepasst hast" basiert ebenfalls auf einer (alten) Erinnerung aus dem Unterbewusstsein. Weder die Frage noch die Antwort trägt zur Lösung des Problems bei, denn die Erinnerung bleibt. Erinnerungen müssen nicht hinterfragt, sondern gereinigt werden. Und dennoch, die Frage: „Was ist eine Erinnerung?" muss an dieser Stelle erstens gestellt und zweitens beantwortet werden. Ich hatte mir zu diesem Zweck (für meinen Verstand) folgende Erklärung gebastelt:

Erinnerungen sind vergleichbar mit dem Abspulen alter Filmrollen, die durch einen Projektor zum Laufen gebracht werden. Das Archiv, in dem die Filmrollen aufgehoben werden, ist das Unterbewusstsein. Es hat sämtliche Filmrollen aller Leben der gesamten Menschheit archiviert. Alles, was sich in meinem Außen abspielt, ist eine Projektion und daher Illusion. Illusion heißt aber nicht, dass es nichts mit mir zu tun hat. Es bedeutet nicht: Ich projektiere einfach alles nach außen, dann ist es eine Illusion und somit habe ich nichts mehr damit zu tun. Schön wär's, denn dann könnte ich die Schuld immer jemandem anderen geben. Aber so ist es nicht. Das Gegenteil ist der Fall: Es hat ALLES mit mir und nur mit MIR zu tun. Ich bin der Projektor! Ohne mich gibt es weder ein Bild noch ein Gefühl.

Welche Filmrolle gerade in den Projektor eingelegt wird, entscheidet mein Unterbewusstsein. Es holt eine Filmrolle aus seinem universellen Archiv und legt sie in den Projektor ein. Ich muss dann nur noch den Play-Knopf betätigen und es mir mit einer Tüte Popcorn gemütlich machen. Wenn mir der Film gefällt, genieße ich ihn und erzähle meinem Außen, wie sehr er mir gefallen hat. Wenn er mir nicht gefällt, was meistens der Fall ist bei all den alten, verstaubten Filmrollen, die das Archiv beherbergt, erzähle ich das meinem Außen auch und beschwere mich über den alten, verstaubten Film. Doch meinem Außen gefällt mein Gemecker nicht und es meckert zurück. Und wenn sie nicht gestorben sind, dann meckern sie noch heute …

Fazit: Ich bin verantwortlich für meine Projektionen im Außen. Für alles, was ich im Außen sehe. Für das Schöne und für das Hässliche.

Jeder Mensch ist perfekt.
Es sind nur die Daten, die nicht perfekt sind.

Ich glaubte recht schnell begriffen zu haben, um was es bei Ho'oponopono geht. Tatsächlich war ich aber noch viel zu sehr auf das Außen fixiert. Ich verstand nicht ganz, warum mir das Außen bei all meinen Reinigungsaktionen immer noch mehr Probleme aufdrängte.

„Du musst dich immer fragen: Was geht in **mir** vor, dass **ich** das Problem in mein Leben geholt habe?", erinnerte mich Mabel[4]. Ich habe mich das unzählige Male gefragt. Aber ich habe mich auch gefragt, warum ausgerechnet **ich** dieses Außen in mein Leben holen musste. Schließlich hatte ich bereits genügend Probleme mit mir selbst und jetzt kam auch noch das gesamte Außen hinzu! Die Anzahl und die Schwere der Probleme warfen mich immer wieder zurück und ich hatte das Gefühl, von ganz vorne anfangen zu müssen. Doch so war es nicht, denn heute weiß ich, dass mein Reinigen sein Ziel nie verfehlte.

„Du musst nicht wissen, **warum** du ein Problem hast, du musst die Probleme auch nicht zählen. Keep cleaning", betonte Mabel und ich reinigte weiter – mal mehr, mal weniger. Für mich machte es keinen Unterschied, ob ich mehr oder wenig reinigte, denn es zeigten sich – wie bereits erwähnt – so viele Probleme ab, dass es sich nicht feststellen ließ, ob sie hochkamen, weil ich reinigte oder weil ich nicht reinigte. Sie waren einfach da.

Ich schnappte eine Äußerung von Dr. Hew Len auf, dass Probleme erst so richtig hochkämen, wenn wir anfangen, unseren Müllberg zu entsorgen. Da ich mich meiner Meinung nach längst im Problem-Müllberg befand, beunruhigte mich das nicht sonderlich. Doch als kurze Zeit später auch noch meine Beziehung zerbrach, mein Ex mir das Haus ausräumte und mich mitsamt SEINEN Schulden ins „Klo runterspülte", meine tiefe Verbindung zu meinem Bruder und seiner Familie von heute auf morgen abriss, mich meine enge Freundin und Nachbarin im Stich ließ, weil ich nichts mehr hatte, und ich in eine Depression fiel, wusste ich, was Dr. Hew Len mit „*Shit hits*"meinte.

Es traf sich, dass Mabel eines ihrer monatlichen *Telewebcast* abhielt und Dr. Hew Len zu Gast war.

„Lieber Dr. Hew Len", wandte ich mich an ihn, „ich reinige und reinige und habe trotzdem alles verloren. Ich habe kein Leben mehr. Ich habe keine Kraft mehr für dieses Leben. Ich habe keine Kraft mehr, zum Briefkasten zu gehen. Die Rechnungen, Mahnungen und der Gerichtsvollzieher bringen mich um. Ich kann nicht mehr!"

„Irene, du sagst, du reinigst, aber du reinigst nicht", antwortete Dr. Hew Len. „Du musst es 7 Tage die Woche, 24 Stunden lang tun. Doch du reinigst und dann reinigst du wieder nicht. Es sind deine **DATEN**, die dich umbringen. Du musst deine Daten löschen! Du bist absolut in Ordnung. Du bist perfekt. Es sind nur deine Daten! Lass sie los! Trinke, bevor du das nächste Mal zum Briefkasten gehst, ein Glas Wasser mit ein paar Spritzern Zitrone. Die

Zitronenspritzer repräsentieren die Strahlen der Sonne. Du musst cleanen!"

Mabel fügte noch an, jede Rechnung dankend anzunehmen und sie unter das Wasserglas zu legen. (*Wasserglas-Methode*, siehe Anhang 1 *Reinigungs-Tools*).

Unnötig zu erwähnen, dass ich seit diesem Moment nicht mehr aufgehört habe zu cleanen. Ich habe anfangs zwar nicht verstanden, was Dr. Hew Len mit *Es sind nur deine Daten* meinte, die sich anfühlten, als schossen sie wie Kanonenkugeln in meinem Kopf herum und rissen mir das Herz aus der Brust, während sie sich auch noch als Skorpione getarnt in meinen Eingeweiden zu schaffen machten, aber ich habe genau das gereinigt: mein Nichtverstehen und meine Schmerzen. Ich habe jede Rechnung unter das Wasserglas gelegt – allerdings ohne sie dankend anzunehmen, denn das gelang mir beim besten Willen nicht.

Es dauerte Monate, bis ich zu einer Rechnung *Ich liebe dich* sagen konnte. Und es dauerte noch viele Monate länger, bis ich zu meinem Ex, der mich betrogen, ruiniert und mit seinem Schuldenberg hatte sitzen lassen, *Ich liebe dich* sagen konnte. Wer hatte mich betrogen, ruiniert und mich für Jahre im Schuldenberg bluten lassen? Wer hatte sich feige aus dem Staub gemacht? Wer war dieser Ex? **Eine Ansammlung von Daten**. Oh, wie ich diese Ansammlung von Daten gehasst habe!

Mein Mantra lautete: *Es tut mir leid. Bitte vergib mir, dass ich meine Daten hasse. Danke. Ich liebe dich.*

Seit Beginn meiner Ho'oponopono-Reise in 2009 habe ich all meine Erfahrungen, mein Fortschreiten und mein

Scheitern, meinen Weg zur Leere und jeden einzelnen Rückschlag niedergeschrieben. Schon nach kurzer Zeit verwandelten sich die Zeilen in Dialoge. Anfangs unterhielt ich mich noch mit meinem Ego, doch mit der Zeit kam Inspiration durch. Einen für mich wichtigen Schlüsselsatz möchte ich Ihnen in Bezug auf den Hass, den ich sehr lange in mir trug und den ich auf meinen Ex projiziert habe, gerne weitergeben:

„Es gibt kein Außen. Du verletzt dich immer nur selbst. Es sind deine Erinnerungen, die dich hassen lassen, die dich klein machen, die dich unwürdig machen. Dein Ex löst diese Erinnerungen in dir aus. Du bist ihm nur begegnet, damit du diese Erinnerungen in diesem Leben auflösen kannst. Du musst deine Erinnerungen lieben. Du musst deine Feinde in dir lieben!"

Ich betone stets gerne, dass sich die Jahre des unablässigen Reinigens gelohnt haben und auch, dass ich ohne meinen Ex wohl nie erfahren hätte, wie sehr ich mich selbst liebe. Ich habe so lange gereinigt, bis ich ihn in meinem Inneren lieben konnte. Ich bin dankbar für alles, was sich mir im Außen zeigt, auch wenn es mir nicht gefällt – oder gerade dann. Ich kann nicht wissen, welche Erinnerung momentan hochkommt. Erst recht kann ich nicht wissen, wohin sie mich führt. Aber ich weiß, wohin ich will. Ich will zurück zur Leere. Ich will zurück zu Zero, denn das ist der Ort, wo Wunder geboren werden.

Alles, was zwischen mir

und der Leere steht,

wird von mir gereinigt.

Zurück zur Leere mithilfe des Vergebungsverfahrens von Kahuna Morrnah Nalamaku Simeona

(1913 – 1992)

Das Wichtigste beim Ho'oponopono-Vergebungs-verfahren ist, das Göttliche in sich zu erkennen. Die Hawaiianer hüten das Geheimnis des Vergebungsverfahrens zur Wiederherstellung des Familienfriedens seit Jahrtausenden. Es war das Werk von Morrnah Nalamaku Simeona, Kahuna Lap'au (Heilerin und Hüterin des Geheimnisses) aus Honolulu, Hawaii, die dieses Geheimnis in die Welt trug. In jahrelanger Meditation hat sie den Inhalt ihres Vergebungsprozesses, genannt *Selbstidentität durch Ho'oponopono, SITH®,*[5] beinahe wörtlich von der Gottheit übermittelt bekommen, um es entsprechend unseres weltweiten Rhythmus für jeden verfügbar zu machen, ganz gleich, welcher Religion der Anwender angehört, auf welchem Kontinent oder in welcher Gesellschaftsform er lebt.

Morrnah Simeona modernisierte den klassischen Vergebungsprozess – zu welchem alle Mitglieder eines

Familienstammes zusammenkommen mussten und so lange ein Ho'oponopono durchzuführen hatten, bis die Ursache des Problems behoben bzw. vergeben war (was bis zu einigen Wochen in Anspruch nehmen konnte) – zu einem „Ein-Personen-Verfahren", welches zwar alle Beteiligten mit einschließt, doch deren physische Anwesenheit nicht erforderlich macht. Das heißt, saßen die Familien Tage und Wochen zusammen, braucht es heute nur noch eine Person für den gesamten Prozess, der dabei alle Familienmitglieder mitnimmt. Was diese Person wissen muss, ist, dass sie für alles, was in der eigenen Familie – der inneren und der äußeren Familie – und in den Familien am anderen Ende des Erdballs passiert, verantwortlich ist.

Um ihr Ho'oponopono-Verfahren nicht nur auf Hawaii und in den USA, sondern weltweit zu verbreiten, machte sich Morrnah Simeona auf den Weg nach Asien und Europa.

Ihr Weg hatte zuerst nach Osteuropa geführt, zur *Gottesmutter von Vladimir*, dem Unihipili von Russland (Unihipili ist der hawaiianische Begriff für Unterbewusstsein oder inneres Kind), wo Morrnah Simeona im Kreml sieben Tage lang das Portrait der Gottesmutter reinigte. Danach waren sie entsprechend einer Inspiration Morrnahs göttlichen Selbstes nach Polen gereist, um das Portrait der *Schwarzen Madonna von Tschenstochau*, dem polnischen Unihipili zu reinigen (cleanen).

Laut dem Interview habe Morrnah Simeona tatsächlich folgende Botschaft von der *Schwarzen Madonna von Tschenstochau* erhalten: „Wenn du zu mir kommst und cleanst, wird sich einiges verändern." Das Interessante dabei war gewesen, dass das Portrait nur an bestimmten Tagen für drei bis vier Stunden zu sehen war und sich Tausende Besucher um das Bild drängelten, doch Morrnah Simeona hatte die Gelegenheit bekommen, alleine bei dem Portrait zu verweilen. ALLEINE!

Die *Schwarze Madonna von Tschenstochau* ist die einzige Madonna, die mit einem Schwert im Gesicht verletzt wurde. Morrnah Simeona hatte den Vergebungsprozess an den Tagen des 15. bis 17. Oktober 1989 angewendet und an den Wunden des polnischen Unihipilis gearbeitet. Sie erhielt die Information, dass sich innerhalb eines Monats etwas verändern würde …

Der Fall der Berliner Mauer am 9. November 1989 verlief komplett friedlich, ohne Blutvergießen und ohne einen Schuss.

Nun liegt es an uns, zu reinigen. Wir haben wirklich keine Ahnung, wie außerordentlich wirkungsvoll unser Reinigen sein kann. Wir denken, wir bräuchten Beweise und sind der Meinung, wir müssten Erfolge sehen, doch genau das ist unser Problem: Wir DENKEN!

Jedermanns Problem ist mein Problem. Ich muss mich heilen.

Ich bin die Quelle aller Erfahrungen.

Die innere Familie

Jede Erinnerung ist seit Äonen als Gedankenform in unserem ätherischen *Königreich*, dem Bereich des Möglichen, einem enormen Speicherort – auch Unterbewusstsein genannt – abgespeichert. Im Ho'oponopono hat das Unterbewusstsein die Funktion des inneren Kindes, des Kind-Aspektes in uns. Dieser Aspekt ist ein realer Teil unserer **inneren Familie**, gefolgt vom Mutter-Aspekt, unserem rationalen, bewussten Teil. Und wir haben den Vater-Aspekt, unser Überbewusstsein oder auch spiritueller Aspekt genannt. Diese drei Aspekte formen die innere Familie, die in Gemeinschaft mit dem göttlichen Schöpfer die **Selbstidentität** bilden.

Jedes Sein, jede Kreatur, jede Pflanze, jedes Atom und jedes Molekül unserer existierenden Realität hat den Vater-Mutter-Kind-Aspekt in sich. Dr. Hew Len sagt:

„Ein Mensch hat drei Selbste, ein Auto hat drei Selbste, eine Pflanze hat drei Selbste und unser Land hat drei Selbste. Doch gleicht kein Atom dem anderen. Jedes Sein ist unterschiedlich. Es gibt keine zweite Blaupause. Jeder hat seinen Platz bzw. seine Lebensaufgabe im Universum zu finden."

In Morrnah Simeonas SITH®-Prozess (Selbstidentität durch Ho'oponopono) geht es darum, mithilfe der inneren Familie alle Erinnerungen zu löschen, die als Probleme erfahren werden. Es ist ein Schritt-für-Schritt-Programm der Vergebung und des Atmens, um in Frieden und Balance zu gelangen und um eine neue Bedeutung des Lebens zu erfahren. Durch den Prozess des Atmens und des Vergebens verschwinden die Ursachen der Probleme. Sie lösen sich zunehmend von selbst auf, da ihnen die Energie entzogen wird, die sie aus dem Hintergrund am Leben hielten.

Der Ho'oponopono-Vergebungsprozess bezieht sich nur auf eine einzelne Person. Er bezieht sich auf ihr Inneres und nicht auf ihr Äußeres. Er gilt gleichermaßen für Minerale, Wasser, Pflanzen und Lebewesen – einfach für alles. Das ist gut zu wissen, denn wer weiß, wer oder was wir schon mal gewesen sind.

Ho'oponopono kann nur wirken,

wenn ich mir selbst aus dem Weg gehe.

Bye-bye, Ego!

Durch SITH® *(Selbstidentität durch Ho'oponopono®)* habe ich erfahren, wer ich wirklich bin. Vor SITH® dachte ich, ich sei das, was mein Ego mir sagte, das ich bin. Was für ein Irrtum!

So durfte ich erkennen, dass ich mein Leben lang das Leben meines Egos lebte. Wahrlich: Ich lebte nicht mein Leben, denn ich kannte mich ja nicht. Ich lebte das Leben meines Egos und dieser Teil in mir drängte mich zu einer Wirklichkeit, die sich nur aus meiner Vergangenheit speiste. Das war sein Revier. Die Vergangenheit, denn nirgendwo anders konnte es sich austoben. Als ich aber begann, die Vergangenheit auszuradieren, sie mithilfe von Ho'oponopono zu cleanen, hat dieses listige Wesen in mir um sein Überleben gekämpft. Das waren unvorstellbare Kämpfe eines sehr starken Egos, geboren im Zeichen des Widders!

„Es sind nur deine **Daten**", erinnerte ich mich immer wieder an Dr. Hew Lens Worte, so lange, bis diese Klarheit ihren Platz in meinem System einnehmen konnte und ich seine Worte *verstand*: Es gibt also gar kein Ego? Es waren immer nur meine Daten, die behaupteten, dass es ein Ego gibt? Aneinandergereihte Daten, die mit mir sprachen? JA!

Diese Daten begleiteten mich und machten mir mein Leben schwer. Sie begleiteten mich durch jede Beziehung, egal ob freundschaftlicher, beruflicher oder zwischenmenschlicher Natur. Sie waren aufgebaut auf dem Fundament der Vergangenheit, auf den Mauern der Erinnerungen – der Angst, der Zweifel, der Unwürdigkeit. Unvorstellbar, was sich mein Ego für einen Platz einräumte und welche Kämpfe ich gegen mich selbst ausführte. Es gibt ja nur mich. Doch dieses Ego bzw. diese Daten fühlten sich so real an. Die Erkenntnis, dass es kein Ego gibt, war für mich eine ganz wesentliche Erfahrung auf meinem Ho'oponopono-Weg. Denn mit Daten zu kämpfen, war nicht das Gleiche, wie mit dem Ego zu kämpfen. Mit alten, vergangenen Daten zu kämpfen, machte plötzlich keinen Sinn mehr. Der Druck war raus.

Die einzigen Daten, mit denen wir zu tun haben sollten, sind Daten, die uns sagen, dass wir unendlich sind. Daten, die uns sagen, dass wir absolut perfekt sind. Alle anderen Daten stellen sich gegen uns und halten uns von unserer Wahrhaftigkeit fern. Eine Beziehung ist immer eine Gelegenheit, Erinnerungen zu löschen. Die wichtigste Lektion dabei ist natürlich die, sich selbst zu lieben und gut für sich zu sorgen, denn ohne unsere Eigenliebe, ohne unser SELBST leben wir weiter in Einsamkeit, Angst und Verzweiflung und keine einzige Beziehung dieser Welt kann diese fehlende Liebe in uns füllen. Um voll und ganz in einer Beziehung zu sein, müssen wir unser SELBST von allen Erfahrungen und jeglichen Erwartungen (Ego, Daten), die in uns abgespeichert sind, befreien. Wenn unser SELBST zugemüllt ist, wissen wir nicht, wer wir wirklich sind, was uns unsere Beziehung dann spiegelt. Es beginnt und endet immer mit unserem eigenen SELBST.

Doch tauchen wir noch etwas tiefer in den Bereich der Daten ein. Was sind Daten wirklich?

Daten sind Gedanken.

Daten sind Erinnerungen aus der Vergangenheit.

Daten werden zu Problemen.

Alles beginnt mit einem Gedanken

und der große Heiler ist die Liebe.

Die Hawaiianer wissen, dass jedes Problem als Gedanke entsteht. Ohne Gedanken – keine Probleme. Doch ein Gedanke ist ein Gedanke, er ist weder gut noch schlecht. Ein Gedanke allein kann also nicht das Problem sein. Aber was ist dann das Problem? Dr. Hew Len sagt:

„Das Problem ist, dass alle unsere Gedanken belegt sind mit schmerzhaften und leidvollen Erinnerungen. Erinnerungen an Personen, an Orte und an Dinge, die aus der Vergangenheit stammen. Wir können unsere Gedanken sogar spüren: mal sind sie freudvoll, mal sind sie schmerzvoll, je nachdem, welche **Erinnerung** auf ihnen liegt."

Sie werden nun fragen, wie Sie denn jemals aufhören könnten zu denken, schließlich tun Sie nichts anderes, aber Sie sollten sich fragen, woher der Gedanke kommt. Stellen Sie sich vor, jemand fragt Sie: „Was wird dein nächster Gedanke sein?" Sie wissen es nicht. Niemand kann seine nächsten Gedanken voraussagen, denn Gedanken entstehen im Unterbewusstsein und nicht im Verstand. Wir haben keinerlei (!) Kontrolle über unsere Gedanken. Wir können nur reagieren in dem Moment, in dem sie hochgekommen sind. Das bedeutet, dass nicht unser Verstand, sondern die Gedanken aus dem Unterbewusstsein *entscheiden*, was wir tun und wie wir uns fühlen.

Das Unterbewusstsein kann jedoch richtig und falsch nicht unterscheiden. Es lässt eine Erinnerung nach der anderen los – Erinnerungen, abgespeichert seit Anbeginn unserer Schöpfung. Somit ist keine einzige unserer Entscheidungen frisch und bringet uns immer wieder in gleiche problematische Situationen. Aber unser Verstand ist frisch – meint er – und denkt, **er** wisse, was zu tun sei. Doch genau das ist das Problem, denn der Verstand hat null Ahnung!

Ich habe die Wahl,

aber nicht die Kontrolle.

Die erfolglose Suche des Verstandes

Der Verstand war nie zum Lösen von problematischen Situationen vorgesehen. Er kann kein einziges Problem lösen, er kann Probleme nur verwalten. Doch Problemverwaltung hat nichts mit Problemlösung zu tun. Das stört den Verstand jedoch nicht. Er macht sich trotzdem auf die Suche nach Lösungen, die er niemals finden kann, und bedient sich einfach seines bekannten Repertoires, welches ihm das Unterbewusstsein seit jeher anbietet. Mit sich zufrieden denkt er dann, er habe die Lösung gefunden. Das Problem aber bleibt. Oft wird es noch größer und falls es für kurze Zeit verschwunden sein sollte, wird es an anderer Stelle wieder auftauchen.

Stellen Sie sich zur Veranschaulichung (für Ihren Verstand) vor, wie jede Sekunde 11 Millionen Informationsbrocken[6] durch Ihr Gehirn feuern und in Ihrem Unterbewusstsein landen. Diese Informationsbrocken beinhalten alles, was sich seit Anbeginn der Schöpfung, und zwar in der gesamten Schöpfung, jemals ereignet hat. Ihrem Verstand (Bewusstsein) stehen nun 15 – 20 Sensoren pro Sekunde zur Verfügung, um die 11 Millionen Informationsbrocken zu verarbeiten und um sich dessen

bewusst zu werden. Alle Achtung, mögen Sie denken, der Verstand ist ganz schön auf Zack. Er sucht mit einer 15-20-Sensoren-Kapazität nach einer Lösung aus einem 11.000.000-Pool!

Was aber passiert tatsächlich mit den restlichen 10.999.980 Informationsbrocken? Diese werden vom Verstand gefiltert, mit „nicht überlebenswichtig" gekennzeichnet und aussortiert. Es stellt sich die Frage, woher der Verstand wusste, was er zu filtern hatte. Die Antwort ist simpel. Der Verstand hat sich aufgrund unserer vergangenen Erfahrungen eine Vorlage gebastelt, die dem Bild seiner Welt entspricht. Mit anderen Worten: Aus unseren vergangenen Erfahrungen sind Erinnerungen geworden, die nun für den Verstand eine Realitätsvorlage bilden. Eine Vorlage! Und wir glauben, dass das, was wir von unserem Verstand als Informationen erhalten, die Realität ist. Eine Vorlage aus der VERGANGENHEIT, die erst einmal acht Stellen vor dem Komma überwinden muss, um in den Bereich der Realität zu gelangen! Unser Verstand erschafft unsere Realität nach einer Vorlage und wir merken es nicht. Bis jetzt. Denn jetzt wissen wir es.

Nun wissen wir, warum der Verstand Probleme nicht lösen kann. Er hat keine Ahnung, wie er sie lösen könnte, denn dafür reichen ihm seine 15 – 20 Sensoren nicht. Nichtsdestotrotz ist er immer der Meinung, er wisse alles und nur er sei derjenige Teil in uns, der alle Probleme lösen könne, so wie er sie schließlich schon immer gelöst habe. Tatsächlich aber hat er sie nur umgeschichtet, auf die Seite gestellt, sie jongliert und manövriert, doch niemals hat er auch nur ein einziges Problem gelöst. Schlimmer noch: Er blockiert uns, weil er mit der wahren Identität nichts anfangen kann. Er kann nur mit der Vergangenheit etwas anfangen. Und so werden die Probleme immer wiederkommen, in diesem oder im nächsten Leben.

Sogar jetzt, während Sie meine Worte lesen, werden diese von Ihrem Verstand gefiltert. Wenn Sie es gewohnt sind, skeptisch zu sein, dann bauen Sie jetzt eine bekannte Reaktion auf. Sind Sie es gewohnt, offen zu sein für alles Neue, dann baut ihr Verstand ebenfalls eine Reaktion auf, denn Sie sind auf AUTOPILOT eingestellt!

Jeder, der Ho'oponopono macht, lässt seine Probleme los und übergibt die schmerzhaften Erinnerungen an eine höhere Instanz. Wichtig ist, die Entscheidung des **Loslassens** zu treffen. Es gibt nur zwei Möglichkeiten, entweder lassen Sie das Problem los oder es tritt automatisch die Problembeseitigungsvariante des Verstandes in Kraft, denn irgendeine Entscheidung muss es ja geben. Warum dann nicht gleich die höhere Instanz bemühen, die nicht nur tatsächlich weiß, wie ein Problem zu lösen ist, sondern die auch die einzige Instanz ist, die das Problem lösen **kann**.

Das Problem ist die fehlerhafte Erinnerung

in meinem Unterbewusstsein

und ich lasse mein Außen daran teilhaben.

Die höhere Instanz bemühen

„Ist dir schon mal aufgefallen, dass, wann immer es ein Problem gibt, du anwesend bist? Du bist das Problem", hörte ich im SITH®-Seminar.

Ich bin das Problem??? Diese Information musste erst einmal gereinigt werden mit:

Es tut mir leid.

Bitte vergib mir.

Ich liebe dich.

Ich danke dir.

Das sind die vier magischen Sätze, die mein Geschnatter im Kopf stoppen und mir die Verbindungstür zur höheren Instanz, der universellen Problemlösung, öffnen. Immer und immer wieder habe ich diese vier Sätze gesagt – im Geiste und wenn mir niemand zuhörte, auch laut. Diese Sätze wirken immer.

Nachdem ich mich mit *Es tut mir leid, bitte vergib mir, danke und ich liebe dich* eine Zeit lang in die Ho'oponopono-Schwingung gebracht habe, konnte ich die Sätze erweitern, in beispielsweise:

- *Es tut mir leid, bitte vergib mir, dass dieses Problem auftaucht.*

- *Bitte vergib mir, für was auch immer in mir ist, das dieses Problem erschaffen hat. Ich liebe dich. Danke.*

- *Was auch immer in mir vorgeht, das dieses Problem erschaffen hat, bitte vergib mir, ich liebe dich.*

- *Was geht in mir vor, dass mein Gegenüber an Rückenschmerzen leidet?*

- *Was geht in mir vor, dass ich an Rückenschmerzen leide?*

Krankheit ist eine Form der äußeren Suche.

Gesundheit ist innerer Frieden.

Ich arbeitete, wie ich es durch Ho'oponopono gelernt habe, an mir, denn der Schmerz ist ebenfalls eine Erinnerung (Datensatz). Wann immer sich in meinem Außen oder in mir ein Schmerz zeigte oder sich in meiner Zukunft zeigen wird, reinige ich diese Erinnerung, und zwar so lange, bis sie sich aufgelöst hat. Das kann Tage, Wochen, Monate, Jahre dauern … Nichts an dieser spekulativen Zeitmessung kann mich davon abhalten, zu reinigen. Das Wichtigste dabei ist, nicht zu überprüfen, ob der Schmerz schon weniger geworden ist. Ich hinterfrage den Schmerz nicht. Ich suche nicht nach der Ursache. Ich analysiere ihn nicht. Ich habe keine Erwartungen. Ich lasse ihn los. Ich übernehme 100 % Verantwortung für den Schmerz, sei er in mir oder in einer anderen Person, und übergebe ihn an die höhere Instanz in mir. Das ist alles, was ich zu tun habe. Am Anfang meiner Ho'oponopono-Reise war ich mir der Absicht nicht bewusst und reinigte, um schmerzfrei zu sein, aber das war eine Erwartung, die schnell zu einer neuen Erinnerung wurde.

Wenn Sie anfangen, Ihre Schmerzen loszulassen, löschen Sie die Energie der schmerzhaften Erinnerungen, die aus dem Gleichgewicht geraten sind. Dabei ist es unerheblich, ob diese Schmerzen physischer oder psychischer Natur sind. Krankheit ist immer eine Form der äußeren Suche. Gesundheit ist innerer Frieden. Wenn Sie reinigen, reinigen Sie, um in Frieden zu sein. Sie reinigen, um in der LEERE zu sein. Die Leere, Buddha nannte die Leere

The Void, ist der Ort, wo Sie mit der göttlichen Intelligenz zusammentreffen. Es ist der Ort, von dem aus aller Segen, Wohlstand, Fülle und Frieden fließen.

Wenn Sie Ihre Erinnerungen reinigen bzw. löschen, hat die göttliche Intelligenz eine Chance, Sie zu erreichen. Wenn Sie in Gedanken und Erinnerungen feststecken, kann sie Sie nicht erreichen.

Erwartungen und Ahnungen stehen in keinerlei

Verbindung zur göttlichen Intelligenz.

Sie grenzen uns ein und sind ebenfalls ein Datensatz.

Was für schmerzhafte Erinnerungen gilt, gilt für alle
Erinnerungen und natürlich auch für …

Geldprobleme

Geldprobleme sind ebenfalls Erinnerungen. Logisch.
Warum sollten Geldprobleme etwas anderes sein. Auch
logisch, dass ich reinigen muss, um sie loszuwerden. Meine
Geldprobleme haben mich immer begleitet und lasteten
schwer auf meinen Schultern. Doch auf wundersame Weise
konnte ich nachts immer gut schlafen…, bis ich am nächsten
Morgen aufwachte und anfing zu denken: „Welcher Tag ist
heute? Wo muss ich hin? Ins Büro, zum Flughafen-Job oder
zum Kellnern? Wie bekomme ich das Geld fürs Benzin, um
zur Arbeit zu fahren? Wie kaufe ich ein? Was kaufe ich ein,
die Briefmarke für 55 Cent, um einen wichtigen Brief
wegzuschicken, oder die Dose Erdnüsse für 59 Cent? Wie
viele Pfandflaschen habe ich noch?" usw. Es dauerte nur
wenige Sekunden und schon steckte ich fest im
Gedankenmüll – bis ich mir des Reinigens bewusst wurde.

Mein Reinigen lief immer im Hintergrund, 24 Stunden lang. Ich sprach stets zu meinem inneren Kind und bat es, für mich zu reinigen, während ich schlief oder gerade nicht ans Reinigen dachte. Die größte Schwierigkeit bestand darin, mein in Panik geratenes Ego, das nur noch um sein Überleben kämpfte, zum Schweigen zu bringen. Es gab sich wirklich die größte Mühe, mich jeden Morgen an meine miserable Situation zu erinnern und lieferte mir massenhaft Beweise für das Nichtfunktionieren meiner neuen Problemlösungsmethode. Ja, ich musste zugeben, dass mir – obwohl ich ununterbrochen reinigte – nichts davon finanzielle Erleichterung verschaffte. Doch ich gab nicht auf. Ich befand mich zwar in der aussichtslosesten Situation meines Lebens, aber Ho'oponopono gab mir eine Kraft, wie ich sie nicht in Worte fassen kann.

Nach fast vier Jahren intensiven Reinigens erreichte mich die Klarheit, dass ich immer reinigte, **um Geld zu bekommen**. Ich habe meinen größten und überlebenswichtigen Wunsch nach Geld gereinigt, obwohl ich genau wusste, dass Wünsche auch Erinnerungen sind! Ich habe gereinigt, um Geld zu bekommen (nebenbei neue Geldprobleme geschaffen), anstatt zu reinigen, um **Leer** (Zero, Void) zu sein und habe es die ganze Zeit nicht bemerkt. Dieser eine Moment der Klarheit war mein persönliches Shangri-la. Dieser eine Moment stellte alles ins Licht und ich spürte nur noch Frieden. Einen Frieden, der durch meine gesamte Vergangenheit raste und überall für Harmonie sorgte, wo einst Erinnerungen an Mangel ihren Platz einnahmen.

Wenn Sie Geldprobleme haben, sollten Sie Folgendes fest in Ihrem Herzen verankern: Lieben Sie Ihre Geldprobleme. Lieben Sie Ihre Daten, denn es sind Daten, die den Zustand der Leere verscheuchen. Indem Sie zu Ihren Daten *Ich liebe euch* sagen, gelangen Sie wieder in den Zustand der Leere und bitten die göttliche Intelligenz, die **Ursache** dieser Erinnerungen zu löschen.

Reinigen Sie nicht, um mehr Geld, Gesundheit, Schönheit, Erfolg etc. zu haben, denn das wäre eine Erwartungshaltung, die zu einer nächsten Erinnerung führt. Reinigen Sie, um LEER zu sein, damit das Geld, die Gesundheit und alles, was Ihr Herz begehrt, aus der LEERE fließen kann – aus einem Ort, der Fülle und der Liebe. Sagen Sie *Ich liebe euch* zu Ihren Sorgen. Und sagen Sie es so lange, bis diese sich aufgelöst haben. Mit dem *Ich liebe dich/euch* gehen Sie aus dem Weg und hören nicht auf den Verstand.

Mein Verstand hat null Ahnung, was vor sich geht.

Seine Aufgabe besteht nicht darin, Probleme zu lösen,

sondern um Verzeihung zu bitten.

Immer wieder richtet Dr. Hew Len diese Worte an uns Ho'oponopono-Studierende, die wir auf allen Kontinenten verteilt sind:

„You are clueless!" – Ihr habt keine Ahnung!

„It's only data!" – Es sind nur Daten!

„You are perfect." – Ihr seid perfekt.

Ich bewundere seine Klarheit. Es gibt nichts zu verstehen. Ich habe *verstanden*, dass es nichts zu *verstehen* gibt. Aber wie kann ich das mit anderen teilen? Kann ich etwas beschreiben, das nicht verstanden werden kann? Ich kann. Denn meine Probleme sind meine Meister. Meine Erinnerungen sind immer meine Helden. Sie brachten ihren ganzen Mut auf und stellten sich mir entgegen, obwohl sie wussten, dass ich sie wegdrücken und hassen werde. Sie haben mich durch alles geführt, was mich davon abhielt zu erkennen, wer ich wirklich bin. Sie haben sich gezeigt und sind in mir aufgestiegen, weil auch sie nur eines wollten: geliebt werden. Was ich mit anderen teile, ist etwas, das ich selbst **erfahren** habe.

Parabel von Dr. Hew Len:

„Es war einmal eine Person, die ein göttliches Erwachen hatte. Sie war reine Inspiration. Seit dem Moment, indem diese Person ihr Erwachen hatte, versuchen andere Personen, ihre Sichtweise über das Erwachen dieser Person wiederzugeben. Doch haben sie nie diese Erfahrung gemacht. Sie verstehen nicht. Sie denken, sie verstehen es, was sie aber nicht tun. Und trotzdem gehen sie hinaus und versuchen anderen über ein Erwachen zu erzählen, welches sie niemals selbst erfahren haben. Und so ward eine Religion geboren."

Ich bin fest davon überzeugt, dass man die Magie, die Kraft und die Reinheit von Ho'oponopono nur weitergeben kann, wenn man den Prozess in all seinen Phasen, mit jedem einzelnen Schritt, selbst erfahren hat. Ist das nicht mit allem so? Ohne meine Probleme hätte ich nicht gereinigt, wäre weiter ohne Selbst-Identität durch die Welt gelaufen und wäre weiterhin vom Sofa gekippt. Heute kann ich alles, was ich im Außen wahrnehme, annehmen - das Angenehme wie das Unangenehme.

Das schönste Geschenk an uns selbst ist den magischen Moment einzufangen, der uns zeigt, wer wir wirklich sind. Er wird uns veranlassen zu reinigen, damit wir noch weitere dieser Momente sammeln können. Momente, die uns mehr und mehr in die Gegenwart tragen. Mit jedem *Bitte vergib mir* oder *Ich liebe dich* kommen wir uns ein Stückchen näher. Und es wird leichter und leichter und leichter … Das ist so. Unser inneres Kind hilft uns dabei, wenn wir ihm helfen …

Problemlösung kann immer nur mit mir

und mit meinem Kind stattfinden.

Das innere Kind

„Mutter, ich warte auf dich, dass du mich hörst."

Es gibt einen Teil in uns, der uns ständig ruft: „Ich bin hier, Mutter. Bitte sieh mich an, ich wäre so gerne bei dir. Ich warte seit Äonen, dass du mich hörst."

Die wichtigste Beziehung, die wir Menschen pflegen sollten, ist die Beziehung zwischen Bewusstsein (Mutter) und Unterbewusstsein (Kind), denn es ist das Kind, das leidet. Es ist das Kind, das traurig ist und sich nach Liebe sehnt. Es harrt aus in schrecklicher Einsamkeit und wartet auf die Mutter. Die Missachtung und Ignoranz der Mutter frustriert es zutiefst, denn es hält sämtliche Lasten der Erinnerungen (11.000.000 pro Sekunde), welche die Mutter seit Anbeginn der Schöpfung angesammelt hat.

Und nicht nur das Kind ruft nach der Mutter. Auch der Vater (Überbewusstsein) ruft und bittet die Mutter, in die Einheit der Familie zurückzukehren, um gemeinsam alle angesammelten Probleme aufzulösen. Nur in der Einheit der inneren Familie können die Probleme gelöst werden.

Der Problemlösungsprozess beginnt immer mit dem Kind-Aspekt. Das Kind hält nicht nur alle Emotionen, Erinnerungen und steuert alle physischen Prozesse im Körper, es ist vor allem auch der Teil in uns, der weiß, wo sich alle unsere Probleme befinden – unsere Geldprobleme wie auch unsere gesundheitlichen, beruflichen oder partnerschaftlichen Probleme.

Wann immer ich mich verletzt, enttäuscht, abgewiesen oder beleidigt fühlte, war es mein inneres Kind, das verletzt, enttäuscht, abgewiesen und beleidigt wurde aufgrund **meiner** alten, vergangenen Erinnerungen. Nur sehr langsam und mit viel Liebe, Gefühl und mit Self I-Dentity through Ho'oponopono® gelang es mir, die Verbindung wieder aufzubauen. Die Beziehung zu meinem Unihipili, wie es von den Hawaiianern liebevoll genannt wird, ist mir zur wichtigsten Beziehung geworden. Ohne mein inneres Kind erreiche ich den Zustand der Leere nicht.

Durch die liebevolle und mitfühlende Erfahrung, die Sie machen, wenn Sie sich um Ihr inneres Kind kümmern, gelangen Sie zu mehr Frieden und Wertschätzung und unterstützen Ihre Herzöffnung. Zugleich startet der bewusste und unbewusste Vergebungsprozess. Ihr Kind ist naturgemäß wahre Freude, reine Liebe und wahrhaftige Glückseligkeit. Es kann Ihnen helfen, alles zu erreichen, was Ihr Herz sich wünscht. Aber es braucht Ihren Trost und Ihre Liebe, damit es Ihnen die Liebe zurückgeben und Ihnen helfen kann, den perfekten Partner, den perfekten Arbeitsplatz und den perfekten Platz zum Leben zu finden. Es möchte Ihnen helfen, wahre geistige Fülle und materiellen

Wohlstand zu erfahren. Immer schaut es Sie mit großen Kulleraugen an und hofft auf Ihre Aufmerksamkeit, Ihre liebenden Worte und fürsorglichen Gefühle.

Die Arbeit mit meinem inneren Kind befreit auch meine Seele von allen schmerzhaften Erinnerungen. Da die Seele der Selbst-Identität ihren Platz im Mutter-Kind-Aspekt hat, muss sie viel Leid ertragen. Ich dachte immer, die Seele habe ihren Platz im Bereich des Überbewusstseins, aber mit Ho'oponopono habe ich erkennen dürfen, dass ich falsch dachte. Die Seele erschafft keine eigenen Erlebnisse. Sie reagiert, ebenso wie das Bewusstsein (Mutter), entsprechend der Vorgabe der Erinnerungen, die im Unterbewusstsein (Kind) abgespeichert sind. Die Seele entwickelt keine eigenen Gedanken. Sie hat weder Pläne noch hat sie Ideen. Die Seele ist absolut unschuldig.

Die Seele meiner Selbst-Identität (göttlicher Schöpfer, Vater, Mutter, Kind in Einem) reagierte entsprechend meiner selbstzerstörerischen Erinnerungen **in mir**. Seit ich den Gedanken- und Erinnerungsmüll in mir reinige, kann meine Seele befreit werden.

In *Zero Limits* schreibt Dr. Hew Len: „Die Seele der Selbstidentität dient immer nur einem Herrn, normalerweise dem Dorn Erinnerung anstatt der Rose Inspiration."

Ich bin nur hier, um zu reinigen, damit ich frei werde

von all dem Müll

und zu meiner wahren Berufung geführt werde.

Beruf und Berufung

Ho'oponopono lehrt uns dass wir hier sind, um zu erfahren, wer wir wirklich sind, und um zu begreifen, **warum** wir hier sind. Wir sind hier, um unsere Identität von allen belastenden Erinnerungen zu befreien. Je mehr wir Ho'oponopono praktizieren, desto klarer wird unsere Einzigartigkeit. Wir handeln mehr und mehr aus Inspiration heraus und erhalten Zugang zu unseren brillanten Fähigkeiten.

Es gibt uns über sieben Milliarden Mal und jeder von uns hat ein ganz besonderes Talent. Das Spannende ist, es als solches zu erkennen und es zu entfalten.

Die Gefühle, die uns hierbei begleiten (Unsicherheit, Zweifel, Angst, aber auch Leidenschaft), sind ebenfalls Erinnerungen und wollen befreit und gewandelt werden. Egal, aus welcher Erinnerung heraus Sie sich auf den Weg zu Ihrer großartigen Berufung machen, reinigen Sie. Seien Sie mutig, den Weg zu sich selbst zu gehen. Es lohnt sich! Wenn Ihr Wunsch nach Erfüllung groß genug ist, werden Sie bereit sein, alle Erinnerungen, die sich Ihnen in den Weg stellen, zu reinigen.

Mein Wunsch war stark genug, denn meinen Beruf wollte ich nicht und meine Berufung kannte ich nicht. So war die Freude groß, als ich glaubte, endlich meine Berufung gefunden zu haben. Alles in meinem Leben änderte sich. Ich lernte neue Menschen kennen, erhielt wertvolle Unterstützung, erlangte neues Wissen und freute mich über jeden neuen Klienten. Ich entwickelte die Fähigkeit, meine Klienten mit ganz besonderen Informationen zu versorgen, die sie einen guten Schritt weiterbrachten auf ihrem eigenen Lebensweg. Es begann eine Zeit, in der ich wahre Dankbarkeit und Bewunderung erfahren durfte, was mir sehr guttat (und nebenbei meinem Ego schmeichelte), aber (!) irgendetwas fehlte noch immer. Zufriedenheit! Ich konnte nicht zufrieden sein, denn **mein** größtes Problem löste sich aufgrund meiner neu gewonnenen *Fähigkeiten* noch immer nicht auf.

Ich reinigte noch mehr und erkannte schließlich etwas Unfassbares: Die Klienten kamen zu mir, nicht damit **ich** ihnen etwas Gutes tun konnte, sondern damit **sie** mir etwas Gutes taten! Natürlich wusste ich, dass es meine Spiegel waren, die zu mir kamen, doch dieser Gedanke gefiel meinem Ego nicht und so dauerte es eben seine Zeit, auch diese Egobarriere auszulöschen.

Mein Ego war sehr gerissen und hatte mich mit Lob und Schmeicheleien gut im Griff. Es war stark, aber nicht so stark wie die gewonnene Klarheit durch das Reinigen auf dem Weg hin zu meiner Berufung: Ich habe erkannt, dass ich, um einem Klienten zu helfen, nur an mir selbst zu arbeiten habe – an mir und nicht an den Problemen des Klienten. Ich musste die **problematischen Information** reinigen und nicht den Klienten. Und wo musste ich die Information reinigen? In mir!

Es gibt kein Außen, es gibt nur mich!

Heute gebe ich die Informationen, die ich wahrnehme, nicht mehr weiter, sondern reinige sie, denn es sind Informationen bzw. Erinnerungen **meines** Unterbewusstseins, die nur bedingt durch mein Gegenüber ausgelöst werden. Ich kann meinem Klienten nur helfen, wenn ich in die Eigenverantwortung gehe.

Diese neu gewonnene Erkenntnis führte mich ein großes Stück weiter. Ich liebe diese Erkenntnis und denke, es wäre ein ganz neuer Ansatz für Ärzte und Therapeuten, sich an erste Stelle zu setzen, um erst sich zu heilen, **damit** ihre Patienten geheilt werden können und damit die Manipulation ein Ende findet, dass ein Arzt oder Therapeut von der Vorstellung ausgeht, der Patient sei krank und er müsse an ihm arbeiten. Was für ein Missverständnis, welches den Patienten am Ende auch noch dafür zahlen lässt, dass er dem Therapeuten behilflich ist, dessen eigenes Problem zu heilen! Und es wäre es ein beispielhafter Ansatz für alle Patienten, die sich Ärzten und Therapeuten ausgeliefert fühlen. Dabei sind doch gerade sie es, die als Geschenke durch die Praxen laufen. Nicht als Geschenke, mit welchen viel Geld verdient werden kann, sondern als Geschenke, mit welchen viel Heilung geschehen kann, in deren Konsequenz das Geld dann in Einklang mit dem Patienten *und* dem Therapeuten fließen könnte.

Wann immer Sie sich nicht wohlfühlen in Ihrem Job und bei dem, was das Geld für Ihre Rechnungen bringt, reinigen Sie. Reinigen Sie den Chef, die Kollegen, die Geschäftspartner, die Händler, die Lieferanten etc. Sie können Ihrer wahren Berufung erst begegnen, wenn Sie sich von Ihren „vermüllten" Erinnerungen befreit haben. Ihre wahre Berufung wartet längst auf Sie, doch Sie können sie noch nicht erkennen, weil so viel Gedankenmüll dazwischen steht. Das Wunder geschieht, wenn Sie sich plötzlich mit Ihrem Chef verstehen, die Kollegen in einem ganz anderen Licht sehen, neue Freundschaften schließen und Dinge bemerken, mit denen Sie nicht im Geringsten gerechnet hätten. Sie haben keine Ahnung (15 – 20 Bits reichen nicht aus), was sich alles wandeln kann und zu welchen Ideen und Plänen Sie inspirativ kommen, um zu Ihrer Berufung zu gelangen.

Ich habe immer nur zwei Möglichkeiten, meine Welt zu sehen.

Entweder sehe ich sie aus den Augen der Liebe

oder aus den Augen der Erinnerungen.

Das letzte Geheimnis

Ich habe erkannt, was auch immer mich von meinem Wohlbefinden abhielt ein Mangel an Liebe war. Mithilfe der Vergebungsarbeit habe ich die Liebe in mir gefunden. Nun bin ich in der Lage, andere zu lieben. Ich habe mein Selbst an erste Stelle gesetzt und mich nur noch um mein Wohlbefinden gekümmert. Das war anfangs ungewohnt und fühlte sich egoistisch an, doch auch dieses Gefühl war nur ein Programm. Dr. Hew Len sagt:

„Wenn du nicht gut für dich sorgst, sorgt sich auch niemand für die anderen. Es gibt nur dich."

Je mehr Müll in meinem Inneren verschwand, desto mehr Licht konnte an dessen Stelle seinen Platz einnehmen und sich in meinem Außen spiegeln. Mein Reinigen erzeugt eine Wirkung, das steht außer Frage, doch musste ich mich immer wieder ermahnen, keine Erwartungen zu haben. Ich musste lernen, aus dem Weg zu gehen und zu vertrauen, dass sich das für mich Beste zeigen werde.

Wann immer mich etwas zwickt oder nur mühsam gelingt, halte ich inne und treffe bewusst – und zwar noch bevor mir mein Gehirn erzählt, was zu tun ist – die Entscheidung zu reinigen, anstatt über das Problem **nachzudenken**, denn ich weiß, dass es einen einfacheren Weg gibt. Für gewöhnlich zeigt sich dieser auch recht schnell. Die Wissen, dass die Lösung bereits unterwegs ist, beruhigt und schließt weitere, unnötige Aktivitäten aus. Ich kann mich 24 Stunden lang fürs Reinigen entscheiden und dann geschieht es auch so. Es gibt zahlreiche Möglichkeiten, einen unbewussten Reinigungsprozess während des Tages *und* während der Nacht am Laufen zu halten. Ho'oponopono wirkt ohne Anstrengung 24 Stunden lang einfach im Hintergrund. Eine 15-Minuten-Meditation strengte mich meist mehr an, denn sie hat meinen Verstand nie zum Schweigen gebracht.

Durch die vielen Reinigungs-Tools, die uns bei Self I-Dentity through Ho'oponopono® für unser inneres Kind zur Verfügung gestellt werden, ist es noch leichter, zu reinigen. Mein inneres Kind liebt Blaubeeren, Gummibärchen, Pistazien, m&m's®' und Sonnenwasser. Es reicht schon ein Schluck des Sonnenwassers, ein Gummibärchen-Molekül oder der Gedanke an m&m's®, um meinem Kind spüren zu lassen, dass ich es liebe und dass ich gut für es sorgen werde.

Wenn Sie Ihrem Kind zum Beispiel in einer problematischen Situation etwas Gutes tun wollen, dann sagen Sie diese Sätze:

Es tut mir leid.

Bitte vergib mir.

Ich liebe dich.

Danke.

Das sind die Sätze, die Ihr Kind so gerne von Ihnen hören möchte. Wiederholen Sie *Es tut mir leid, bitte vergib mir, ich liebe dich, danke* so lange, bis Ihr Kind das Problem losgelassen und es dem Vater (Überbewusstsein) übergeben hat. Sie werden die Erleichterung spüren, können wieder durchatmen und bis zur endgültigen Lösung des Problems getrost aus dem Weg gehen.

Das Reinigen ist einfach – einfacher geht es wirklich nicht. Die Frage ist nur: Wollen wir es so einfach? Oft wollen wir es nicht. Wir ziehen es vor, uns noch länger zu sorgen und uns den Kopf zu zerbrechen und für alles eine Erklärung haben zu wollen. Wir wollen unsere Worte hören, wenn wir uns endlich verteidigen und unser Gegenüber ermahnen, denn das verschafft uns Erleichterung. Viel zu lange haben wir den Mund gehalten. Viel zu lange haben wir uns nicht getraut. Jetzt wollen wir reden, wir wollen es rauslassen und uns endlich wehren.

„Und das soll jetzt auch wieder falsch sein?", fragte mich eine Bekannte. Sie habe sich lange genug von ihrem Mann unterdrücken lassen und erfahre sich gerade in einer völlig neuen Identität!

Es gibt kein Richtig oder Falsch. Ho'oponopono lehrt uns lediglich, dass wir uns immer nur selbst beschuldigen, ermahnen, beschimpfen und mit befreiend fühlenden Worten „bewerfen", denn: es gibt kein Außen.

Ich bin das Problem, aber auch die Lösung.

Frieden beginnt mit mir.

So lange ich lebe, werde ich Probleme haben. Aber: Werden sie mich umbringen? Werden sie mich krank machen? Werden sie mich traurig, unglücklich und ungeliebt etc. machen? NEIN! Sie werden nur noch das sein, was sie sind: Erinnerungen, die gereinigt werden können.

Zum Ende des Buches fällt mir beim Ordnen meiner Aufzeichnungen ein altes, etwas labbriges Stück Papier in die Hände. Ich hatte mir in meinem ersten Seminar bei Dr. Hew Len ein paar seiner Bemerkungen notiert, die mich lange zum Nachdenken brachten …

Dr. Hew Len:

I'm not interested in them …

I came along to do it for me not for them …

When I don't see God in you, I have to clean.
I see only my data in you …

When they benefit, okay, but that wasn't my orientation.

My focus is to be free …

You are all perfect; the data is in me, not in you.

Übersetzung:

Ich bin nicht interessiert an den anderen …

Ich kam, um es für mich zu tun und nicht
für die anderen …

Wenn ich Gott nicht in euch sehe, muss ich reinigen.
Ich sehe nur meine Daten in euch …

Wenn die anderen davon profitieren, okay, aber das
war nicht meine Absicht …

Mein Fokus liegt darauf, frei zu sein …

Ihr seid alle perfekt; die Daten sind in mir, nicht in euch.

Mahalo Aloha Nui Loa

DER FRIEDEN DES ICH

Friede sei mit euch, Mein vollständiger Frieden

Der Frieden des ICH, der Frieden, der ICH bin, ist

Der Frieden für immer, für jetzt und für alle Zeit

Meinen Frieden gebe ICH euch,
Meinen Frieden lasse ICH euch zuteilwerden

Nicht den Frieden der Welt,
sondern Meinen Göttlichen Frieden

DEN FRIEDEN DES ICH

Anhang 1

Meine Lieblings-Reinigungstools

Ich verliere keine Zeit mit Fragen wie:

wann, wo, wie ich reinige.

Was sind Ho'oponopono-Reinigungstools?

Die Ho'oponopono-Reinigungstools sind Hilfsmittel, die uns spielerisch durch den Reinigungsprozess führen. Wann immer wir eines der Tools verwenden, reinigen wir bereits. Das am Weitesten verbreitete Tool ist die *Wasserglas-Methode.*

Erläuterung:

- Fülle ein Glas ¾ mit Leitungswasser.
- Wechsle zweimal täglich das Wasser – während der frühen Morgenstunden und zur späten Stunde (nicht den Pflanzen zufügen!).
- Das Wasserglas kann an jeden beliebigen Ort gestellt werden.
- Alle vergifteten Energien, die auf deinen Gedanken liegen, wandern in das Glas und werden transformiert.

Mabel Katz berichtete von einer Bekannten, die sich aufgrund einer schweren Depression nicht in der Lage sah, am geplanten Ho'oponopono-Seminar teilzunehmen. Mabel bat Dr. Hew Len um Rat und erhielt das *Wasserglas-Tool* von ihm, welches er per Inspiration erhalten habe, als Antwort.

Sofort informierte Mabel ihre Bekannte über das Tool, die am nächsten Tag tatsächlich erschien und von ihrer überraschenden Besserung berichtete. Seitdem geht das Tool *Wasserglas-Methode* um die Welt und es gibt kaum einen Ho'oponopono-Anwender, der nicht mindestens ein Wasserglas bei sich zu Hause aufgestellt hat.

In meinem Zuhause gab es an jedem Ort, an dem ich mich aufhielt, ein Wasserglas. Unter das Glas habe ich Zettel gelegt, die ich mit meinen Problemen beschriftet hatte. Vor allem habe ich meine Rechnungen unter das Glas gelegt. In der Zeit, in der ich nicht wusste, wie ich diese Rechnungen zahlen sollte, habe ich das Wasser stündlich ausgeschüttet und neu gefüllt, und dies so lange beibehalten, bis mir die Situation nicht mehr bedrohlich erschien.

Es gibt viele wunderschöne Tools. Im SITH®-Seminar bekommen Sie ein ganzes Heft ausgehändigt. Aber Sie können sich auch eigene Tools kreieren, die Sie über Ihre Inspiration erhalten. Im Buch *Zero Limits* hat Dr. Hew Len bereits das Trinken von Sonnenwasser, Essen von Erdbeeren und Blaubeeren beschrieben. Ich trinke das Sonnenwasser täglich, damit alles, was an alten Erinnerungen während des Tages hochkommt, gelöscht wird. Ich esse gerne Gummibärchen, Pistazien, m&m®'s und Ingwerkekse – alles Tools, die mein Kind auch liebt, damit es für mich reinigt. Falls Sie Sorge um Ihr Gewicht haben, so kann ich Sie beruhigen, denn für den Cleaning-Prozess benötigen Sie nur ein Molekül des Tools. Und es geht noch kalorienfreundlicher: Sie brauchen nur an das Tool zu denken und schon reinigen Sie!

Wenn Sie das Gefühl nicht aufbringen können, Ihr Gegenüber, einen Ort oder einen Gegenstand zu lieben, sagen Sie es trotzdem, denn Sie müssen das *Ich liebe dich* nicht fühlen. Doch hören Sie nicht auf, es zu sagen, im Geiste oder in Worten. Sowie Sie sich von Ihren leidvollen Erinnerungen befreit haben, können Sie das *Ich liebe dich* fühlen. Es kann gar nicht anders sein, denn Sie sagen es jedes Mal zu sich selbst.

Gummibärchen

Gummibärchen helfen uns zu schützen. Vor was, mögen Sie fragen. Sie schützen uns vor unseren Erinnerungen, indem sie diese löschen. Gummibärchen sind ein beliebtes Reinigungs-Tool. Man kann sie essen, muss aber nicht, denn schon ein einziges Molekül davon reicht aus.

Pistazien

Die Pistazie repräsentiert die materielle Form des Ho'oponopono, die physische Manifestation. Sie repräsentiert das Leben in all seiner Blüte, den Reichtum der Erde und erlaubt dem Wohlstand, sich zu zeigen.

m&m®'s

Die bunten Schokolinsen sind Energielieferanten. Sie zerstreuen den Intellekt. Es reicht schon der Gedanke.

Blaues Sonnenwasser

Füllen Sie eine blaue Flasche mit Leitungswasser und verschließen Sie sie mit einem metallfreien Stöpsel. Stellen sie die Flasche 15 – 60 Minuten in die Sonne. Danach können Sie das Wasser trinken, zum Kochen verwenden, in andere Behälter abfüllen, als Spray, z. B. nach der Dusche oder als Raumspray, verwenden. Wenn keine Sonne scheint, können Sie die Flasche unter eine Glühbirne stellen (keine Neonröhren oder Sparlampen). Sie werden dieses Wasser lieben. Trinken Sie so viel wie möglich, damit befreien Sie sich von alten Erinnerungen.

Zitronen-Wasser

Ein Glas Leitungswasser mit ein paar Spritzern Zitrone wirkt sehr beruhigend. Die Zitronenspritzer repräsentieren die Strahlen der Sonne. Trinken Sie dieses Wasser langsam und in kleinen Schlucken.

Anhang 2

Fragen & Antworten

Alles, was ich in meinem Äußeren erschaffen habe,

kann ich auch wieder ändern.

Die Erkenntnis darüber macht mich nicht nur frei,

ich spüre, dass ich frei bin.

Fragen sind Gedankenmüll. Fragen müssen gereinigt werden – so lange, bis wir sie nicht mehr brauchen. Wenn Sie anfangen zu reinigen, werden Sie sich der vielen Fragen erst bewusst. Fragen sind Blocker, aber auch Türöffner, wenn wir als willkommene Gelegenheit sehen und sie loslassen.

Ich habe nachfolgend einige Fragen von Ho'oponopono-Interessierten (Sie-Form) und Ho'oponopono-Anwendern (Du-Form) zusammengetragen, die vielleicht auch Sie gestellt hätten …

Frage:

Warum kann ich die Reinigungsergebnisse nicht sehen?

Antwort:

Wenn du auf Ergebnisse aus bist, dann spielst du im falschen Spiel. Du musst darauf aus sein, NICHTS (Leere, Zero) zu sein. Wenn du auf etwas wartest, auf ein Resultat oder auf irgendetwas anderes, dann bist du nicht im JETZT. Das ist Energieverschwendung.

Frage:

Ich arbeite mit Klienten und ich verstehe nicht, dass sich einige sofort besser fühlen und andere nicht.

Antwort:

Wenn die einen schneller gesunden als die anderen, liegt es daran, dass du festgefahren bist mit deinen Erinnerungen. Vergiss nicht, du bist nicht hier, um jemanden zu retten. Du bist hier, um dich selbst zu retten. Und du reinigst nicht, damit es dem Patienten besser geht, du reinigst, damit du die Erinnerungen löschst und korrigierst. Damit du **erinnerungsfrei** werden kannst.

Probiere es mit diesem Satz: „Ich habe keine Ahnung, warum das so ist, aber ich kann es reinigen" oder mit: „Ich habe keine Ahnung, warum ich zweifle, aber ich kann meine Zweifel lieben."

Frage:

Ich erlebe gerade den Super-Gau. Meine finanzielle Situation erdrückt mich und zieht mich runter. Ich sehe gar kein Land mehr. Hilfe! Was passiert da gerade?

Du steckst in deinen Erinnerungen fest und hast das Gefühl, nicht mehr herauszukommen. Wenn du mit dem Reinigen vertraut bist, dann weißt du zwar, dass das alles nur alte Daten sind, aber du steckst trotzdem fest. Deine Erinnerungen ziehen an dir wie hungrige Straßenkinder. Du bist vollkommen beherrscht von ihnen und dein begrenzter Verstand macht alles noch schlimmer. In Situationen wie diesen wäre es gut, wenn du jemanden zum Reden hättest. Auch wenn du letztendlich immer nur mit dir selber sprichst, tut es gut zu reden. Rede über deine Situation und darüber, dass es nur deine Erinnerungen sind. Du kannst mit Gleichgesinnten Kontakt aufnehmen oder wenn du lieber schreibst, dann schreibe so viel du kannst. Schreibe deinem inneren Kind. Schreibe ihm immer wieder, dass es nur Erinnerungen sind, die losgelassen werden können. Wenn du redest oder schreibst und dabei Ho'oponopono anwendest, wirst du vielleicht eine für dich wichtige Information erhalten. Das Reden und Schreiben ist etwas, das du aktiv tun kannst, so bist du nicht zur Tatenlosigkeit verurteilt. Gib die Probleme ab, geh aus dem Weg und sei bereit für die Lösung.

Frage:

Ich habe immer das Gefühl, nicht genug für meine Kinder zu tun. Ich bin berufstätig. Mein Mann auch. Aber das schlechte Gewissen habe nur ich. Kann ich mein schlechtes Gewissen reinigen?

Antwort:

Wir Mütter sind irgendwie immer der Meinung, dass wir uns für unsere Kinder aufopfern müssen. Warum haben wir Kinder? Zum einen, weil wir ihnen unsere Liebe geben können, zum anderen, weil wir uns sicher sein können, dass sie uns lieben. Kinder lieben ihre Eltern. Erst wenn sie in die Pubertät kommen, fangen sie an, alles zu hinterfragen ... Sie sind das größte Geschenk zum Reinigen, denn sie drücken wirklich alle unsere Knöpfe, alle unsere Programme.

In uns Müttern ist wohl auch genetisch abgespeichert, dass Kindern etwas fehle, wenn wir nicht den ganzen Tag um sie herum sind. Ich habe gelernt, dass es am Wichtigsten ist, wie wir uns fühlen, wenn wir mit unseren Kindern zusammen sind. Ich glaube, die Kinder haben mehr von einer Mutter, die in der ihr zur Verfügung stehenden Zeit liebevoll und ausgeglichen mit ihren Kindern umgeht. Das größte Geschenk, das du deinen Kindern machen kannst, ist, dass du dich liebst. Wenn du dich selbst liebst, überträgst du das auf deine Kinder. Wenn du ein schlechtes Gewissen hast, dann überträgst du auch das. Lerne, dich selbst an erste Stelle zu setzen. Lerne, dich zu lieben. Doch suche diese Liebe nicht im Außen – suche sie in dir. Self I-Dentity through Ho'oponopono® zeigt dir den Weg.

Ein schönes Ho'oponopono-Tool ist dieses: Gehe nachts an die Betten deiner Kinder. Wenn sie schlafen, flüstere ihnen ins Ohr: „Ich liebe dich. Danke, dass du in meinem Leben bist." Nicht mehr und nicht weniger. Das ist alles, was sie wissen müssen. Und das ist alles, was du wissen musst.

Frage:

Ich habe gerade *The Secret* gelesen und alles versucht, aber nichts hat funktioniert. Ich kann einfach nicht an die Erfüllung meiner Wünsche glauben. Im Internet steht, dass man mit Ho'oponopono seine Wünsche verwirklichen kann. Was ist an Ho'oponopono anders?

Antwort:

Beim Ho'oponopono geht es nicht um das Gesetz der Anziehung. Wir Ho'oponopono-Anwender sind nicht auf ein bestimmtes Resultat aus. Wir reinigen, um in Frieden zu sein, egal, was passiert. Ho'oponopono kommt aus dem Herzen und nicht aus dem Verstand. Mit *The Secret* bedienen wir nur die 15 – 20 Bits/Sek. unseres Verstandes, denn wir wünschen uns ja etwas Bestimmtes (Ego-Wunsch). Das bedeutet, wenn Sie das Gesetz der Anziehung anwenden, verwenden Sie nur die 15 – 20 Informationsbrocken pro Sekunde, die Ihrem Verstand zur Verfügung stehen, um einen Wunsch zu erfüllen. Bitte verstehen Sie mich nicht falsch, es ist nicht verkehrt, sich mit *The Secret* etwas zu wünschen – ein Falsch oder Richtig gibt es nicht. Ich möchte

Sie nur darauf aufmerksam machen, dass Sie eben nur die 15 – 20 Informationsbrocken des Verstandes bewegen, wogegen Sie über das Reinigen an die Wünsche Ihres Herzens und damit in den Bereich der unbegrenzten Möglichkeiten gelangen können.

Im Ho'oponopono lassen wir die göttliche Intelligenz entscheiden, was richtig ist für uns, denn wir können es nicht wissen (nicht möglich). Und es liegt uns fern, Gott eine Order zu erteilen, wie und wann wir ein bestimmtes Ding haben wollen ... oder einen bestimmten Zustand erreichen wollen ... oder in welcher Farbe, Größe, Auslieferungsdatum etc. Wir wären immer der Unterlegene, denn die göttliche Intelligenz hat stets mehr in der Schatzkammer als wir. Sehr viel mehr, als wir uns je erträumen könnten.

Sie glauben nicht an die Erfüllung Ihrer Wünsche?

Ich sage Ihnen, Sie können alles haben, was Sie sich wünschen, wenn Sie aufhören zu glauben, dass Sie es nicht haben können. Achten Sie doch einmal darauf, was Sie sich selbst erzählen: „Ich habe es nicht verdient. Meine Familie hat kein Geld, noch nie hat sie sich ihre Wünsche erfüllen können. Das ist unser Schicksal etc. ..." Die Gedanken, die da abspulen, sind Ihre Erinnerungen, Ihre Programme und zu 90 % stammen diese von Ihren Ahnen. Und vor allem sind es die 15 – 20 Bits pro Sekunde, die Ihnen das erzählen!

Mit Ho'oponopono lernen Sie, wie Sie diese Erinnerungen löschen, um an die Erfüllung Ihrer Wünsche zu gelangen. Es geht darum, sich selbst zu vertrauen und Verantwortung zu übernehmen für die 15 – 20 Bits, die Ihnen ständig sagen wollen, dass etwas nicht funktioniere.

Gehen Sie in die Eigenverantwortung, damit Sie sich frei machen können von Ihrem Irr-Glauben und den Zweifeln und und und ...

Frage:

Ich kann noch nicht richtig reinigen. Ich bin nicht ausdauernd genug und habe Schwierigkeiten, mit dem inneren Kind Kontakt zu halten.

Antwort:

Es gibt kein Richtig und kein Falsch. Man kann nicht falsch reinigen. Man reinigt einfach. Richtig und falsch sind ebenso Labels, die aus dem Ego kommen. Wenn du Schwierigkeiten hast, mit dem inneren Kind Kontakt zu halten, dann halte ihn trotzdem. Auch wenn du das „Ich liebe dich", das du zu deinem Kind sagst, nicht spürst, sag es trotzdem. Irgendwann wirst du es spüren. Du brauchst dazu keine Vorstellungskraft und kein Ego.

Frage:

Ich habe eine wichtige Entscheidung zu treffen und weiß nicht, welche. Was kann ich tun?

Antwort:

Es gibt nur eine Entscheidung zu treffen, und zwar die, zu reinigen.

Frage:

Ich habe nicht so viel Erfolg beim Reinigen. Was mache ich falsch?

Antwort:

Wer sagt, dass du nicht so viel Erfolg hast beim Reinigen? Dein Ego! Dein Ego hat nicht die geringste Ahnung, was sich alles tut, wenn du reinigst. Wann immer du ein Reinigungs-Tool verwendest oder die vier Sätze sagst oder nur einen der Sätze, werden Daten gelöscht. Daten deines immensen Unterbewusstseins, das die Erinnerungen der gesamten Schöpfung beherbergt. Dein Reinigen bewirkt Großartiges. Es ist so. Reinige weiter und sei bereit, der Erfolg wird sich zeigen.

Frage:

Ich fühle mich alleine, unglücklich und nicht anerkannt. Meine Leistungen werden unterbewertet und ich fühle mich unterdrückt. Wie kann mir Ho'oponopono helfen?

Antwort:

Ho'oponopono kann Sie von den Erinnerungen, die diese Gefühle in Ihnen hervorrufen, befreien. Es hilft Ihnen, sich selbst zu erkennen. Noch ist es so, dass Sie sich selbst entwerten und sich durch die Augen eines anderen sehen und dessen Unterdrückerrolle annehmen – mit allen Erinnerungen an Eifersucht, Groll und Gleichgültigkeit etc.

Im Ho'oponopono wissen wir, dass wir nie zufrieden sein können, wenn wir uns nicht selbst die Anerkennung geben, die wir uns von Außen wünschen, möge diese noch so schmeichelhaft sein. Durch Ho'oponopono und die Selbst-Identität werden Sie erkennen, dass Sie bereits wertvoll sind.

Gutschein

Im Kauf dieses Buches inkludiert ist dieser Gutschein im
Wert von 5 Euro für eine Teilnahme an einem
Ho'oponopono Workshop oder für eine Beratung.

Ort und Termin für die monatlichen Workshops werden via
Newsletter bekannt gegeben.

Sind Sie am Einlösen dieses Gutscheins interessiert, tragen
Sie sich bitte bei www.irene-schwonek.de in den Newsletter
ein.

HO'OPONOPONO
Das letzte Geheimnis
Volume II
Das Wesen des Geldes

Irene Schwonek

ISBN: 9783000498398

Anna
und
das
Geheimnis

Irene Schwonek

ISBN: 9783000452918

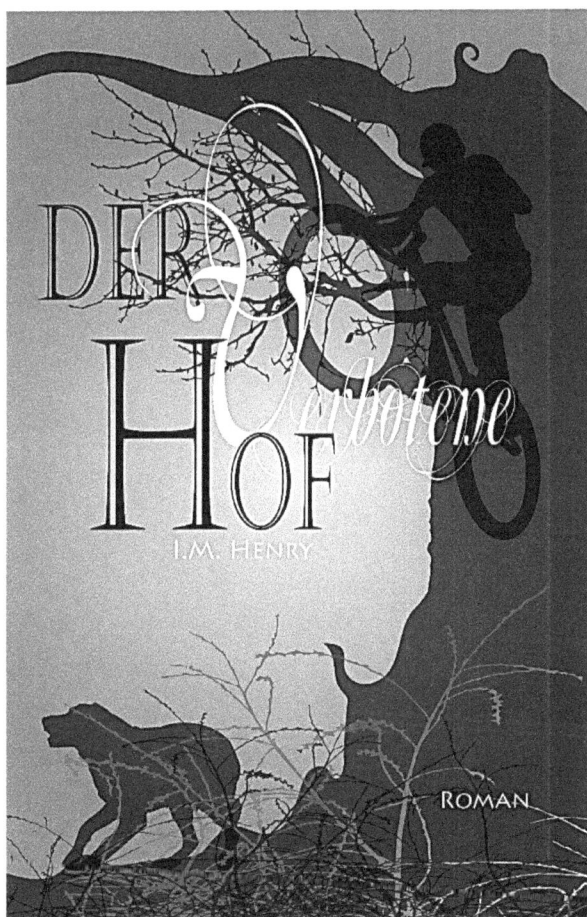

Irene Schwonek, alias I.M. Henry

ISBN: 9783000262852

Quellennachweise

[1] *The Master Key-System*, Charles F. Haanel

[2] *The Secret – Das Geheimnis*, Rhonda Byrne

[3] *Anna und das Geheimnis*, Irene Schwonek, Kinderbuch

[4] Mabel Katz *The Easiest Way* unter *Der einfachste Weg* (Kindle Edition) erhältlich; ebenso Mabel Katz *Der einfachste Weg, Ho'oponopono zu verstehen* (Kindle Edition)

[5] IZI-LLC Sponsors Self-I-Dentity through Ho'oponopono®-(SITH®) Seminare gibt es weltweit, auch in Deutschland.
http://www.self-i-dentity-through-hooponopono.com/
http://www.hooponopono-germany.de/

[6] *Spüre die Welt. Die Wissenschaft des Bewußtseins*, Naturwissenschaftliche Erkenntnisse des dänischen Wissenschaftsjournalisten Tor Norretranders, wie auch im Buch *Zero Limits* erwähnt.

www.ingramcontent.com/pod-product-compliance
Lightning Source LLC
Chambersburg PA
CBHW061500040426
42450CB00008B/1428